Nihai Sosis Yapımı Yemek Kitabı

Kahvaltıdan Akşam Yemeğine ve Aradaki Her Şeye Her Duruma Uygun Lezzetli Ev Yapımı Sosisler. Zanaatınızı Mükemmelleştirmek için 100 Lezzetli Tarif, Püf Noktası ve Teknikle Sosis Yapma Sanatını Keşfedin

Kübra Şahin

İÇİNDEKİLER

ÇÖZÜM   **211**

GİRİİŞ

Aşçılık becerilerinizi bir sonraki seviyeye taşıyacak 100 ağız sulandıran sosis tarifi bulacağınız Nihai Sosis Yapımı Yemek Kitabı'a hoş geldiniz. İster acemi ister deneyimli bir aşçı olun, bu kapsamlı kılavuzda pek çok ilham ve faydalı ipucu bulacaksınız. Her tarife tam renkli bir fotoğraf eşlik eder, böylece sosisinizin tam olarak nasıl görünmesi gerektiğini görebilirsiniz. Ayrıca, her bir sosisin nasıl hazırlanıp pişirileceğine ilişkin ayrıntılı talimatların yanı sıra doğru malzemeleri ve ekipmanı seçme konusunda tavsiyeler de bulacaksınız. Bu yemek kitabında klasik İtalyan sosislerinden baharatlı chorizo ve kahvaltılık sosislere kadar herkes için bir şeyler var. Et yemeyenlerin bile ev yapımı sosislerin lezzetli tatlarının ve dokularının tadını çıkarabilmesi için vejetaryen sosis tarifleri de bulacaksınız. El yapımı gıda hareketinin yükselişiyle birlikte, yemek severler her yerde kasap kasalarında buldukları tamamen doğal, benzersiz aromalı, el yapımı sosisler için çıldırıyor. Ateşli chorizo, akçaağaç-pastırma kahvaltı bağlantıları, dumanlı domuz sucuğu, kremsi boding blanc ve şimdiye kadarki en iyi tamamen doğal sandviçle sosis yapma zanaatını yepyeni bir seviyeye taşımak için bu kılavuzu kullanın. Bu kapsamlı, hepsi bir arada kılavuz, yeni nesil et severleri ve kendin yap meraklılarını en tatmin edici ve lezzetli mutfak el sanatlarından birine davet ediyor.
Mutlu Sosis Yapımı!

1. Amerikan Dana Sosis

İÇİNDEKİLER:

- 6 pound yağsız kıyma
- 2 çay kaşığı adaçayı
- 3 çay kaşığı tuz
- $1\frac{1}{2}$ çay kaşığı taze çekilmiş karabiber
- 1 çay kaşığı kırmızı biber
- 3 bardak ekmek kırıntısı
- 4 yemek kaşığı maydanoz, kıyılmış
- 2 çırpılmış yumurta
- 1 su bardağı su

TALİMATLAR:

a) Tüm malzemeleri iyice karıştırın ve domuz kılıflarına doldurun.

b) Üzerini tamamen geçecek şekilde kaynayan suya atın ve yaklaşık $\frac{1}{2}$ saat kaynatın.

c) Tencereden alın ve soğumaya bırakın, ardından soğutun.

d) Servis yapmak için eti ince dilimler halinde kesin ve her tarafı kahverengi olana kadar yavaşça kızartın.

2. <u>Amerikan Pensilvanya Hollandalı Sosis</u>

İÇİNDEKİLER:

- 5 pound kaba kıyılmış domuz poposu
- ⅓ fincan adaçayı
- 2 yemek kaşığı öğütülmüş karanfil
- 3 yemek kaşığı kişniş
- 2 yemek kaşığı tuz
- 1 yemek kaşığı karabiber
- 1 bardak soğuk su

TALİMATLAR:

a) Tüm malzemeleri birleştirin, iyice karıştırın ve koyun kılıfına doldurun.

b) Pişirmek, kızartmak veya pişirmek için.

3. <u>Amerikan domuz sosisi</u>

İÇİNDEKİLER:

- 5 pound orta öğütülmüş domuz eti
- 1 yemek kaşığı tuz
- 2 yemek kaşığı adaçayı
- 2 çay kaşığı taze çekilmiş biber
- 1 çay kaşığı öğütülmüş karanfil
- 2 çay kaşığı öğütülmüş topuz
- 2 çay kaşığı kişniş
- 1 bütün hindistan cevizi, rendelenmiş
- 1 su bardağı su

TALİMATLAR:

a) Tüm malzemeleri birleştirin, iyice karıştırın ve koyun kabuğuna doldurun veya köfte haline getirin.

4. Amerikan Dana Sosis

İÇİNDEKİLER:

- 5 pound orta kıyma sığır aynası
- 2 çay kaşığı beyaz biber
- 2 çay kaşığı öğütülmüş hindistan cevizi
- 2 çay kaşığı adaçayı
- 2 yemek kaşığı şeker
- 4 diş preslenmiş sarımsak
- 2 yemek kaşığı tuz
- 1 su bardağı su

TALİMATLAR:

a) Tüm malzemeleri birleştirin, iyice karıştırın ve koyun kılıfına doldurun.

b) Pişirmek, fırında pişirmek, kızartmak veya kızartmak için.

5. <u>Amerikan Creole Sosis (Chaurice)</u>

İÇİNDEKİLER:

- 5 pound kaba kıyılmış domuz poposu
- 1 su bardağı rendelenmiş soğan
- 8 diş preslenmiş sarımsak
- 1 yemek kaşığı kurutulmuş acı biber
- 3 çay kaşığı kırmızı biber
- 2 çay kaşığı karabiber
- 1 çay kaşığı yenibahar
- 2 çay kaşığı şeker
- 1 yemek kaşığı tuz
- 1 su bardağı kıyılmış maydanoz
- 1 bardak soğuk su

TALİMATLAR:

a) Tüm malzemeleri birleştirin, iyice karıştırın ve domuz kasasına doldurun.

b) Pişirmek, kızartmak, fırında pişirmek veya kızartmak için.

6. <u>amerikan geyiği cuckolds</u>

İÇİNDEKİLER:

- Geyik midesi
- 3 ons süet
- 1 soğan
- 8 ons geyik eti
- 3 ons yulaf ezmesi
- tuz biber

TALİMATLAR:

a) Yukarıdaki malzemeleri karıştırın. Geyik midesini yıkayın ve ters çevirin.

b) Mideyi karışımla doldurun, ardından her iki ucunu bağlayın. 45 dakika kaynatın.

c) Bu sıra dışı sosisi yemeye hazır olduğunuzda, kızgın yağda kızarana kadar yaklaşık 15 dakika kızartın. Sıcak servis yapın.

7. <u>Amerikan Zencefilli Domuz Sosis</u>

İÇİNDEKİLER:

- 5 pound orta öğütülmüş domuz poposu
- 5 çay kaşığı tuz
- 3 çay kaşığı karabiber
- 2 çay kaşığı öğütülmüş zencefil

TALİMATLAR:

a) Tüm malzemeleri birleştirin, iyice karıştırın ve domuz kasasına doldurun.

b) Pişirmek, kızartmak.

8. <u>Amerikan Louisiana Sosis</u>

İÇİNDEKİLER:

- 5 pound orta öğütülmüş domuz poposu
- 5 çay kaşığı tuz
- 2 çay kaşığı karabiber
- $\frac{1}{2}$ çay kaşığı yenibahar
- 2 çay kaşığı kekik
- $1\frac{1}{2}$ çay kaşığı kırmızı biber
- $1\frac{1}{2}$ çay kaşığı acı biber
- 1 büyük kıyılmış soğan
- 4 diş preslenmiş sarımsak
- 1 bardak soğuk su

TALİMATLAR:

a) Tüm malzemeleri birleştirin, iyice karıştırın ve domuz kasasına doldurun veya köfteler yapın.

9. <u>Amerikan Norfolk Sosis</u>

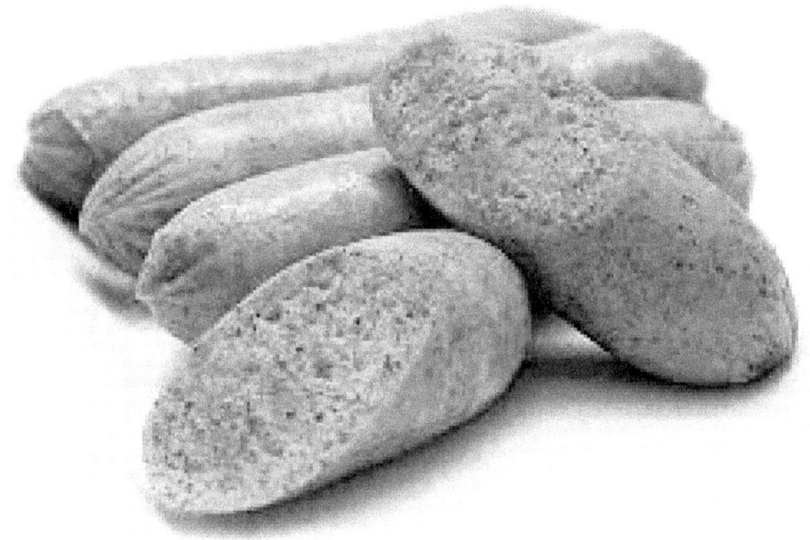

İÇİNDEKİLER:

- 5 pound orta kıyma sığır aynası
- $1\frac{1}{2}$ yemek kaşığı tuz
- 2 su bardağı rendelenmiş parmesan peyniri
- $1\frac{1}{2}$ yemek kaşığı karabiber
- 1 yemek kaşığı fesleğen
- 1 yemek kaşığı kekik
- 3 çay kaşığı hardal tohumu
- 8 diş preslenmiş sarımsak
- 1 küçük rendelenmiş soğan
- $1\frac{1}{2}$ su bardağı kırmızı şarap

TALİMATLAR:

a) Tüm malzemeleri birleştirin, iyice karıştırın ve domuz kasasına doldurun.

b) Pişirmek, fırınlamak veya kızartmak (ayrıca yavaş mangal yapmak).

10. <u>Amerikan Domuz Sosis (Kreol Usulü)</u>

İÇİNDEKİLER:

- 5 pound orta öğütülmüş domuz eti
- 2 doğranmış büyük soğan
- 1 diş sarımsak, kıyılmış
- 3 çay kaşığı tuz
- 2 çay kaşığı taze çekilmiş biber
- 1 çay kaşığı öğütülmüş, kurutulmuş acı biber
- 2 çay kaşığı kırmızı biber
- $\frac{1}{2}$ çay kaşığı kırmızı biber
- 2 yemek kaşığı maydanoz, kıyılmış
- $\frac{1}{4}$ çay kaşığı öğütülmüş yenibahar
- $\frac{1}{4}$ çay kaşığı kekik
- $1\frac{1}{2}$ bardak su

TALİMATLAR:

a) Tüm malzemeleri birleştirin, iyice karıştırın ve koyun kılıfına doldurun.

b) soğutun.

c) Pişirmek için orta ateşte her tarafı kızarana kadar kızartın ve iyice pişene kadar pişirin.

11. Amerikan domuz sosisi

İÇİNDEKİLER:

- 5 pound orta öğütülmüş domuz eti
- 1 yemek kaşığı taze çekilmiş karabiber
- ½ su bardağı öğütülmüş adaçayı
- 2 yemek kaşığı tuz
- 1 su bardağı su

TALİMATLAR:

a) Tüm malzemeleri birleştirin, iyice karıştırın ve domuz kasasına doldurun.

b) Cilt kuru ve sert görünene kadar sosisleri tütsüleyin. Sosisleri kullanıma hazır olana kadar kuru bir yerde asın.

c) Pişirmek için sosisleri ortadan uzunlamasına dilimleyin ve iyice pişene kadar her iki tarafını da kızartarak yavaşça kızartın.

12. <u>Amerikan Domuz Eti ve Dana Sosis</u>

İÇİNDEKİLER:

- 4 pound orta öğütülmüş domuz poposu
- 1 kilo orta boy dana eti
- 2 bardak ekmek kırıntısı
- 3 yemek kaşığı tuz
- $1\frac{1}{2}$ yemek kaşığı öğütülmüş yenibahar
- 1 çay kaşığı kekik
- 1 çay kaşığı adaçayı
- $1\frac{1}{2}$ çay kaşığı karabiber
- 1 su bardağı su

TALİMATLAR:

a) Tüm malzemeleri birleştirin, iyice karıştırın ve domuz veya koyun kasasına doldurun.

b) Pişirmek için kızgın yağda kızartın.

13. Amerikan Biberiye Sosis

İÇİNDEKİLER:

- 1½ pound ince öğütülmüş dana eti
- 2 pound ince öğütülmüş domuz poposu
- 1½ pound ince kıyma dana aynası
- 2 çay kaşığı karabiber
- 1½ yemek kaşığı tuz
- 1 yemek kaşığı biberiye
- 1 çay kaşığı hindistan cevizi
- 1 çay kaşığı kekik
- 1 çay kaşığı mercanköşk
- 1 su bardağı su

TALİMATLAR:

a) Tüm malzemeleri birleştirin, iyice karıştırın ve domuz kasasına doldurun.

b) Fırında pişirin, kızartın veya kızartın.

14. <u>Amerikan Baharatlı Domuz Eti ve Dana Sosis</u>

İÇİNDEKİLER:

- 4 pound ince öğütülmüş domuz poposu
- 1 pound ince öğütülmüş dana eti
- 1 su bardağı patates unu
- 4 su bardağı su
- 2 yemek kaşığı tuz
- $1\frac{1}{2}$ çay kaşığı beyaz biber
- 2 yemek kaşığı şeker
- $\frac{1}{2}$ çay kaşığı öğütülmüş karanfil
- $\frac{1}{2}$ çay kaşığı öğütülmüş zencefil

TALİMATLAR:

a) Tüm malzemeleri birleştirin, iyice karıştırın ve domuz kasasına doldurun. Eşit miktarda tuz ve şeker serpin.

b) En az 24 saat buzdolabında bekletin. Yaklaşık 20 dakika haşlayın, ardından kızartın veya kızartın.

15. <u>Amerikan Geyik Sosis</u>

İÇİNDEKİLER:

- 4 pound kaba öğütülmüş geyik eti
- 1 pound ince öğütülmüş domuz pastırması
- 1 yemek kaşığı tuz
- 1 yemek kaşığı adaçayı
- 1 çay kaşığı yenibahar
- 2 yemek kaşığı şeker
- 1 çay kaşığı kişniş
- $1\frac{1}{2}$ çay kaşığı hardal tohumu
- 6 diş preslenmiş sarımsak
- 2 yemek kaşığı karabiber
- 1 bardak soğuk su

TALİMATLAR:

a) Tüm malzemeleri birleştirin, iyice karıştırın ve domuz kasasına doldurun.

b) Pişirmek, kaynatmak, pişirmek veya kızartmak için.

16. Ermeni Kuzu Sosis

İÇİNDEKİLER:

- 5 pound orta öğütülmüş kuzu
- 1 su bardağı ince kıyılmış soğan
- 8 diş preslenmiş sarımsak
- 2 çay kaşığı karabiber
- 1 yemek kaşığı tuz
- ⅔ bir bardak taze nane yaprağı
- 1 su bardağı su

TALİMATLAR:

a) Tüm malzemeleri birleştirin, iyice karıştırın ve koyun kılıfına doldurun.

b) Pişirmek, kızartmak veya mangal yapmak için.

17. Ermeni Viyana Sosisi

İÇİNDEKİLER:

- $3\frac{1}{2}$ pound ince öğütülmüş domuz poposu
- $2\frac{1}{2}$ pound ince kıyma dana güveç eti
- $\frac{1}{4}$ su bardağı ince kıyılmış soğan
- 2 çay kaşığı şeker
- 1 çay kaşığı kırmızı biber
- 2 çay kaşığı kırmızı biber
- 1 çay kaşığı öğütülmüş topuz
- 1 yemek kaşığı öğütülmüş kişniş
- $1\frac{1}{2}$ yemek kaşığı tuz
- $\frac{1}{4}$ fincan ok kökü
- $1\frac{1}{2}$ su bardağı süt

TALİMATLAR:

a) Tüm malzemeleri birleştirin, iyice karıştırın ve öğütücünün ince bıçağından tekrar geçirin.

b) Koyun kasasına doldurun. Bağlantıları ayırmayın.

c) Sıcak suya koyun ve yaklaşık 45 dakika pişirin.

d) Çıkarın, soğutun ve saklayın.

18. <u>Bavyera Bockwurst</u>

İÇİNDEKİLER:

- 3 pound ince öğütülmüş dana eti
- 2 pound ince öğütülmüş domuz poposu
- $1\frac{1}{2}$ su bardağı krema
- ⅓ fincan kıyılmış frenk soğanı
- 1 su bardağı rendelenmiş soğan
- $1\frac{1}{2}$ yemek kaşığı beyaz biber
- 1 yemek kaşığı tuz
- $\frac{3}{4}$ çay kaşığı hindistan cevizi
- $\frac{1}{2}$ çay kaşığı salça
- 1 su bardağı su

TALİMATLAR:

a) Tüm malzemeleri birleştirin, iyice karıştırın ve domuz kasasına doldurun.

b) 20 dakika pişirin, sonra kızartın.

19. <u>Çin Kanton Sosis</u>

İÇİNDEKİLER:

- 5 pound kaba kıyılmış domuz poposu
- 1 yemek kaşığı tuz
- $\frac{1}{2}$ su bardağı bal
- $\frac{1}{4}$ su bardağı portakal suyu
- 2 yemek kaşığı beyaz sirke
- 1 su bardağı soya sosu
- 1 su bardağı pirinç şarabı

TALİMATLAR:

a) Tüm malzemeleri birleştirin, iyice karıştırın ve domuz kasasına doldurun.

b) Pişirmek için fıstık yağında kızartın.

20. Küba sosisi

İÇİNDEKİLER:

- 5 pound kaba kıyılmış domuz poposu
- $1\frac{1}{2}$ yemek kaşığı tuz
- 1 yemek kaşığı karabiber
- 8 diş preslenmiş sarımsak
- 2 çay kaşığı kimyon
- 3 çay kaşığı kekik
- $\frac{3}{4}$ fincan annatto veya kırmızı biber
- 2 su bardağı su

TALİMATLAR:

a) Tüm malzemeleri birleştirin, iyice karıştırın ve domuz kasasına doldurun.

b) Pişirmek, mangal yapmak, ızgara yapmak veya kızartmak için.

21. Danimarka ciğer sucuğu

İÇİNDEKİLER:

- 4 pound ince öğütülmüş pişmiş domuz karaciğeri (haşlanmış)
- 1 pound ince öğütülmüş domuz pastırması
- 2 su bardağı kıyılmış soğan
- $1\frac{1}{2}$ su bardağı süt
- $1\frac{1}{2}$ bardak buharlaştırılmış süt
- $\frac{1}{2}$ su bardağı patates unu
- 6 çırpılmış yumurta
- 3 çay kaşığı karabiber
- 2 yemek kaşığı tuz
- 1 çay kaşığı öğütülmüş karanfil
- 1 çay kaşığı yenibahar

TALİMATLAR:

a) Süt ve patates unundan bir sos yapın ve koyulaşana kadar pişirin.

b) Tüm malzemeleri birleştirin.

c) Tuzlu suda yaklaşık 20 dakika haşlayın.

d) Kullanmadan önce 24 saat buzdolabında bekletin.

e) Sosisleri ayırın ve sürüldüğü gibi kullanın.

22. <u>Danimarka domuz sosisi</u>

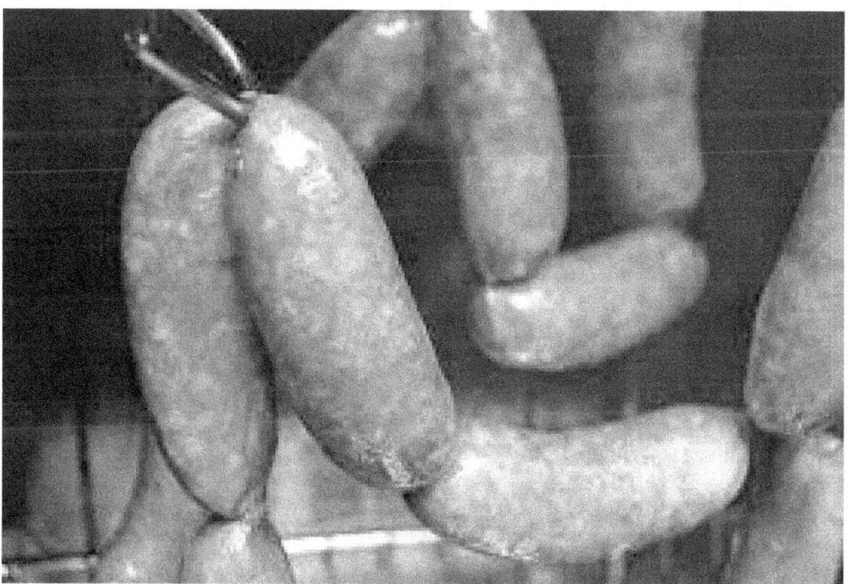

İÇİNDEKİLER:

- 5 pound ince öğütülmüş domuz poposu
- 5 çay kaşığı tuz
- $\frac{1}{4}$ çay kaşığı yenibahar
- 2 çay kaşığı beyaz biber
- $\frac{1}{4}$ çay kaşığı karanfil
- 1 çay kaşığı kakule
- 1 büyük kıyılmış soğan
- 1 su bardağı soğuk et bulyon

TALİMATLAR:

a) Tüm malzemeleri birleştirin, iyice karıştırın ve domuz kasasına doldurun.

23. <u>Danimarka Oxford Kornaları</u>

İÇİNDEKİLER:

- 5 pound kaba kıyılmış domuz poposu
- 1½ yemek kaşığı adaçayı
- 1½ çay kaşığı kekik
- 1½ çay kaşığı mercanköşk
- bütün rendelenmiş limon kabuğu
- 1½ çay kaşığı hindistan cevizi
- 4 çay kaşığı tuz
- 2 çay kaşığı karabiber
- 3 yumurta
- 1 su bardağı su

TALİMATLAR:

a) Tüm malzemeleri birleştirin, iyice karıştırın ve domuz kasasına doldurun.

b) Pişirmek, tavada kızartmak veya ızgara yapmak için.

24. İngiliz Oxford Sosis

İÇİNDEKİLER:

- 2 pound ince öğütülmüş domuz poposu
- 2 pound ince öğütülmüş dana eti
- 1 pound ince kıyma sığır aynası
- $\frac{1}{2}$ somun taze ekşi mayalı ekmek kırıntısı
- $1\frac{1}{2}$ bütün rendelenmiş limon kabuğu
- 1 çay kaşığı kekik
- 1 çay kaşığı adaçayı
- 1 çay kaşığı tuzlu
- 1 çay kaşığı biberiye
- 1 bütün hindistan cevizi, rendelenmiş
- 4 çay kaşığı tuz
- 2 çay kaşığı tuz
- 2 çay kaşığı karabiber
- 1 su bardağı su
- 4 yumurta

TALİMATLAR:

a) Tüm malzemeleri birleştirin, iyice karıştırın ve domuz kasasına doldurun.

b) Pişirmek, tavada kızartmak veya ızgara yapmak için.

25. <u>Fransız Boudin Blanc De Paris</u>

İÇİNDEKİLER:

- $2\frac{1}{2}$ pound ince öğütülmüş domuz poposu
- $2\frac{1}{2}$ pound ince öğütülmüş tavuk göğsü
- 2 yemek kaşığı tuz
- $2\frac{1}{2}$ çay kaşığı beyaz biber
- 1 çay kaşığı dörtlü destan
- 6 su bardağı ince kıyılmış soğan
- 1 su bardağı sıcak kremaya batırılmış $1\frac{1}{2}$ su bardağı galeta unu
- 8 yumurta

TALİMATLAR:

a) Tüm malzemeleri birleştirin, iyice karıştırın ve domuz kasasına doldurun.

b) Pişirmek, tavada kızartmak veya ızgara yapmak için.

26. Fransız Boudin Blanc Du Mans

İÇİNDEKİLER:

- 5 pound ince öğütülmüş domuz poposu
- 2 yemek kaşığı tuz
- 3 çay kaşığı dörtlü destan
- $1\frac{1}{2}$ su bardağı ince kıyılmış soğan
- $\frac{3}{4}$ fincan kıyılmış maydanoz
- 2 su bardağı krema
- 4 yumurta

TALİMATLAR:

a) Tüm malzemeleri birleştirin, iyice karıştırın ve domuz kasasına doldurun.

b) Pişirmek, tavada kızartmak veya ızgara yapmak için.

27. <u>Fransız Boudin Blanc</u>

İÇİNDEKİLER:

- $2\frac{1}{2}$ pound ince öğütülmüş domuz poposu
- $2\frac{1}{2}$ pound ince öğütülmüş tavuk göğsü
- 2 yemek kaşığı tuz
- 3 çay kaşığı beyaz biber
- 3 çay kaşığı dörtlü destan
- 20 yumurta
- 6 yemek kaşığı pirinç unu ve 6 bardak süt birlikte karıştırılır—topaklanmaktan kaçının

TALİMATLAR:

a) Tüm malzemeleri birleştirin, iyice karıştırın ve domuz kasasına doldurun.

b) Pişirmek, tavada kızartmak veya ızgara yapmak için.

28. <u>Fransız Boudin Noir</u>

İÇİNDEKİLER:

- 2 pound kaba öğütülmüş pişmiş domuz eti
- 3 litre domuz veya sığır kanı
- 2 su bardağı kızarmış soğan
- 1 yemek kaşığı tuz
- 2 çay kaşığı karabiber
- 2 çay kaşığı kırmızı biber
- 4 diş preslenmiş sarımsak
- $\frac{1}{2}$ çay kaşığı öğütülmüş yenibahar
- $\frac{1}{2}$ çay kaşığı öğütülmüş topuz
- $\frac{1}{2}$ çay kaşığı öğütülmüş karanfil
- $\frac{1}{2}$ çay kaşığı öğütülmüş hindistan cevizi

TALİMATLAR:

a) Tüm malzemeleri birleştirin, iyice karıştırın ve domuz kasasına doldurun.

b) Pişirmek için, sosisleri ılık suya koyun ve 15 dakika pişirin.

c) Ayrıca fırınlayabilirsiniz.

29. Fransız Cervelat

İÇİNDEKİLER:

- 4 pound orta öğütülmüş domuz poposu
- 1 pound ince öğütülmüş domuz pastırması
- 1 su bardağı kıyılmış maydanoz
- ¼ su bardağı kıyılmış taze soğan ve yeşillik
- 1½ yemek kaşığı tuz
- 1 çay kaşığı kekik
- 1 çay kaşığı fesleğen
- 6 diş preslenmiş sarımsak
- 1 su bardağı kuru beyaz şarap

TALİMATLAR:

a) Tüm malzemeleri ve malzemeleri kasaya birleştirin. Serin bir yerde 3-4 gün asın.

b) Bu sosisi et suyunda tuz, karabiber, kekik, fesleğen, defne yaprağı, maydanoz ve doğranmış taze soğanla en az üç saat pişirin.

30. <u>Fransız Tavuk Sosis</u>

İÇİNDEKİLER:

- 4 pound orta öğütülmüş beyaz tavuk
- 1 pound orta pişmiş domuz pastırması
- 1 pound orta öğütülmüş pişmiş tavuk ciğeri
- 10 orta boy yumurta
- 1 yemek kaşığı tuz
- 1 çay kaşığı hindistan cevizi
- 1 çay kaşığı öğütülmüş karanfil
- 2 çay kaşığı beyaz biber
- 1 su bardağı tavuk bulyon
- 1 su bardağı galeta unu

TALİMATLAR:

a) Tüm malzemeleri birleştirin, iyice karıştırın ve koyun kılıfına doldurun.

b) Pişirmek, kızartmak, fırınlamak veya tereyağında kızartmak için.

31. Fransız Ülke Sığır Sosis

İÇİNDEKİLER:

- 4 kilo yağsız dana eti
- 2 pound yağsız domuz pastırması
- $2\frac{1}{2}$ yemek kaşığı tuz
- 3 çay kaşığı taze çekilmiş biber
- 4 diş preslenmiş sarımsak
- 2 yemek kaşığı yenibahar, doğranmış
- 1 su bardağı su

TALİMATLAR:

a) Sığır eti, domuz pastırması ile birlikte ince bir kıyma makinesi ile öğütün.

b) Diğer malzemelerle iyice karıştırın ve koyun kabuğuna doldurun.

c) Her 4-6 inçte bir bağlayabilirsiniz.

d) Ilık fırında kurutun veya çok hafif tütsüleyin.

e) Servis yapmak için kaynar suda veya et suyunda yaklaşık 10-12 dakika haşlayın.

32. Fransız Brendi Sosis

İÇİNDEKİLER:

- 2 pound ince öğütülmüş dana eti
- 2 pound ince kıyılmış domuz eti
- 1 pound ince kıyma
- 4 diş sarımsak, preslenmiş
- 1 büyük kıyılmış soğan
- 1 su bardağı ince kıyılmış maydanoz
- 5 çay kaşığı tuz
- 5 çay kaşığı biber
- 1 su bardağı Kaliforniya brendi

TALİMATLAR:

a) Tüm malzemeleri birleştirin, iyice karıştırın ve domuz kasasına doldurun.

b) Eşit miktarda tuz ve esmer şeker serpin. En az bir gece buzdolabında bekletin.

c) Pişirmek ve kızartmak için haşlayın.

33. <u>Fransız Usulü Chorizo</u>

İÇİNDEKİLER:

- 5 pound kaba kıyılmış domuz poposu
- 2 yemek kaşığı tuz
- 1 çay kaşığı şeker
- 2 adet doğranmış büyük tatlı biber
- 1 çay kaşığı dörtlü destan
- 2 çay kaşığı acı biber
- 4 büyük diş preslenmiş sarımsak
- 1 bardak kırmızı şarap

TALİMATLAR:

a) Tüm malzemeleri birleştirin, iyice karıştırın ve domuz kasasına doldurun.

b) Her 6 inçte bir bağla. Dumanı 8-10 saat hafifçe soğutun.

c) Pişirmek, kızartmak veya ızgara yapmak için.

34. Fransız Sarımsaklı Sosis

İÇİNDEKİLER:

- 5 pound orta öğütülmüş domuz poposu
- $1\frac{1}{2}$ yemek kaşığı tuz
- $1\frac{1}{2}$ çay kaşığı karabiber
- $\frac{1}{2}$ çay kaşığı kırmızı biber
- $\frac{1}{2}$ çay kaşığı hindistan cevizi
- $\frac{1}{2}$ çay kaşığı karanfil
- $\frac{1}{2}$ çay kaşığı tarçın
- 8 diş preslenmiş sarımsak
- $\frac{1}{4}$ fincan brendi
- 1 su bardağı su

TALİMATLAR:

a) Tüm malzemeleri birleştirin, iyice karıştırın ve domuz kasasına doldurun.

b) Pişirmek, haşlamak veya kızartmak için.

35. Fransız Saucisses D'alsace-Lorraine

İÇİNDEKİLER:

- 5 pound orta öğütülmüş domuz poposu
- 2 yemek kaşığı tuz
- $\frac{1}{4}$ çay kaşığı öğütülmüş zencefil
- 1 çay kaşığı şeker
- 1 çay kaşığı karabiber
- 1 çay kaşığı dörtlü destan
- 1 bardak beyaz şarap
- 3 su bardağı ince doğranmış mantar

TALİMATLAR:

a) Tüm malzemeleri birleştirin, iyice karıştırın ve koyun kılıfına doldurun.

b) Her 6 inçte bir bağla.

c) Pişirmek için tereyağında kızartın.

36. <u>Fransız Sosları Cervelas</u>

İÇİNDEKİLER:

- 3 pound orta öğütülmüş domuz poposu
- 1 pound orta kıyma sığır aynası
- 1 pound ince öğütülmüş domuz pastırması
- 2 yemek kaşığı tuz
- 1 yemek kaşığı karabiber
- 8 diş preslenmiş sarımsak
- 1 büyük soğan, kıyılmış
- 1 su bardağı su

TALİMATLAR:

a) Tüm malzemeleri birleştirin, iyice karıştırın ve domuz kasasına doldurun.

b) Her 6 veya 10 inçte bir bağlayın. İstenirse içilebilir.

c) Pişirmek için sıcak suda veya kırmızı şarapta kaynatın.

37. Fransız Saucisses De Champagne

İÇİNDEKİLER:

- 5 pound kaba kıyılmış domuz poposu
- 2 yemek kaşığı tuz
- 2 çay kaşığı şeker
- 2 çay kaşığı karabiber
- 2 çay kaşığı dörtlü destan
- 1 çay kaşığı kekik
- 1 su bardağı kıyılmış maydanoz
- $\frac{1}{2}$ fincan yenibahar
- 4 diş preslenmiş sarımsak
- 1 bardak kırmızı şarap

TALİMATLAR:

a) Tüm malzemeleri birleştirin, iyice karıştırın ve büyük koyun kasasına doldurun. Her 6 inçte bir bağla.

b) Sosisleri kaynayan suda 15-20 dakika haşlayın, ardından yağda veya ızgarada kızartın.

38. Fransız Sosları Au Champagne

İÇİNDEKİLER:

- 5 pound ince öğütülmüş domuz poposu
- 2 yemek kaşığı tuz
- $2\frac{1}{2}$ çay kaşığı dörtlü destan
- 6 taze yumurta
- 3 su bardağı ince doğranmış mantar
- 1 şişe şampanya

TALİMATLAR:

a) Tüm malzemeleri birleştirin, iyice karıştırın ve büyük koyun kasasına doldurun.

b) Her 6 inçte bir bağla.

c) Sosisleri kaynayan suda 15-20 dakika haşlayın, ardından yağda veya ızgarada kızartın.

39. Fransız Sosları Cuit Au Madère

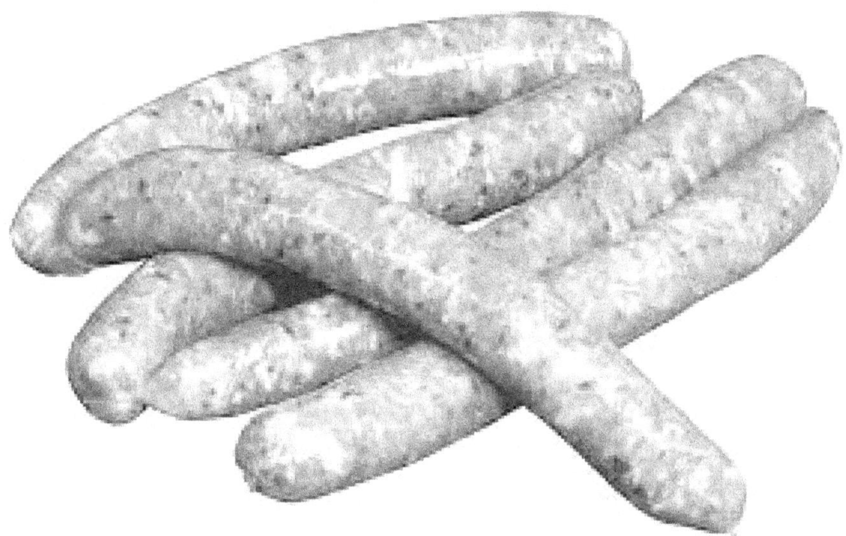

İÇİNDEKİLER:

- 5 pound ince öğütülmüş domuz poposu
- 2 yemek kaşığı tuz
- 1½ çay kaşığı dörtlü destan
- 2 su bardağı doğranmış mantar
- 4 ons antep fıstığı, kıyılmış
- 1 bardak Madeira şarabı

TALİMATLAR:

a) Tüm malzemeleri birleştirin, iyice karıştırın ve domuz kasasına doldurun.

b) Her 6 inçte bir bağla.

c) 1 saat pişirin, soğutun ve buzdolabında saklayın.

d) Pişirmek, pişirmek.

40. <u>Fransız Sosları Au Kimyon</u>

İÇİNDEKİLER:

- 2½ pound orta öğütülmüş domuz poposu
- 2½ pound ince kıyma dana aynası
- 4 yemek kaşığı tuz
- 10 diş preslenmiş sarımsak
- 1 yemek kaşığı karabiber
- 2 yemek kaşığı doğranmış biber
- 4 yemek kaşığı öğütülmüş kimyon
- 1 su bardağı su

TALİMATLAR:

a) Tüm malzemeleri birleştirin, iyice karıştırın ve domuz kasasına doldurun.

b) Her 5 inçte bir bağlayın. 48 saat boyunca soğuk duman.

c) 5 gün daha kurutun.

d) Pişirmek, kızartmak, ızgara yapmak veya kaynatmak için.

41. <u>Fransız Sosları İspanyollar</u>

İÇİNDEKİLER:

- 5 pound orta öğütülmüş domuz poposu
- 2 yemek kaşığı tuz
- 3 yemek kaşığı tatlı kırmızı biber, ezilmiş
- 3 çay kaşığı dörtlü destan
- 2 çay kaşığı acı biber
- 1 su bardağı kuru üzüm, doğranmış
- 1 bardak kırmızı şarap

TALİMATLAR:

a) Tüm malzemeleri birleştirin, iyice karıştırın ve domuz kasasına doldurun.

b) Her 5 inçte bir bağlayın.

c) Dumanı 8–12 saat soğutun.

d) Pişirmek, kızartmak veya ızgara yapmak için.

42. <u>Fransız Sosları De France</u>

İÇİNDEKİLER:

- 5 pound orta öğütülmüş domuz poposu
- 2 yemek kaşığı tuz
- 2 çay kaşığı dörtlü destan
- 2 çay kaşığı karabiber
- 1 su bardağı kıyılmış maydanoz
- 1 çay kaşığı adaçayı
- 1 çay kaşığı kekik
- 1 bardak beyaz şarap

TALİMATLAR:

a) Tüm malzemeleri birleştirin, iyice karıştırın ve domuz kasasına doldurun.

b) Her 4-6 inçte bir bağlayın.

c) Bir saat haşlayın, sonra soğutun. Pişirmek, kızartmak veya ızgara yapmak için.

43. Fransız Sosları Au Foie De Porc

İÇİNDEKİLER:

- 3 pound orta öğütülmüş domuz poposu
- 2 pound püresi domuz karaciğeri
- 1 kilo yemeklik doğranmış kuru soğan
- 2 yemek kaşığı tuz
- 2 çay kaşığı karabiber
- 2 çay kaşığı dörtlü destan
- 1 bardak Kirschwasser veya brendi

TALİMATLAR:

a) Tüm malzemeleri birleştirin, iyice karıştırın ve domuz kasasına doldurun.

b) Her 4-6 inçte bir bağlayın.

c) Bir saat haşlayın, sonra soğutun. Pişirmek, kızartmak veya ızgara yapmak için.

44. <u>Fransız Sosları Du Perigord</u>

İÇİNDEKİLER:

- 5 pound orta öğütülmüş domuz poposu
- 2 yemek kaşığı tuz
- 2 su bardağı doğranmış mantar
- veya yer mantarı
- 2 çay kaşığı şeker
- 2 çay kaşığı karabiber
- 2 çay kaşığı dörtlü destan
- 1 bardak beyaz şarap

TALİMATLAR:

a) Tüm malzemeleri birleştirin, iyice karıştırın ve koyun kılıfına doldurun.
b) Her 5 inçte bir bağlayın.
c) Pişirmek için tereyağında kızartın.

45. Fransız Sosları De Toulouse

İÇİNDEKİLER:

- 5 pound kaba kıyılmış domuz poposu
- 2 yemek kaşığı tuz
- 3 yemek kaşığı şeker
- 1 çay kaşığı dörtlü destan
- 1 su bardağı su

TALİMATLAR:

a) Tüm malzemeleri birleştirin, iyice karıştırın ve domuz kasasına doldurun.

b) Her 6-8 inçte bir bağlayın. Pişirmek, kızartmak veya ızgara yapmak için.

46. Fransız Sosları Viennoises

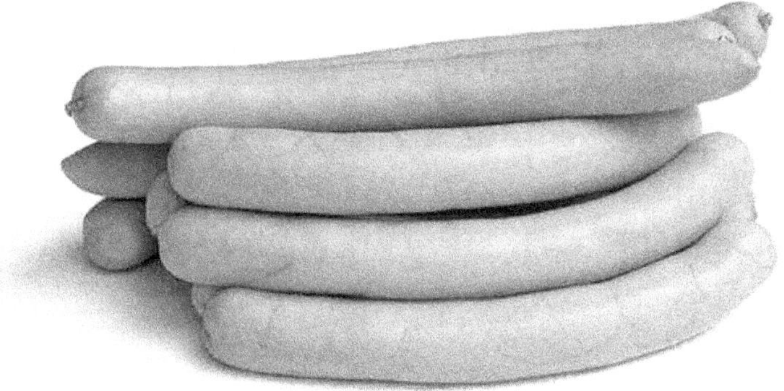

İÇİNDEKİLER:

- 2 pound ince öğütülmüş domuz poposu
- 2 pound ince kıyma sığır aynası
- 1 pound ince öğütülmüş dana eti
- 2 yemek kaşığı tuz
- 1 çay kaşığı dörtlü destan
- 2 çay kaşığı acı biber
- 2 çay kaşığı kişniş
- 2 su bardağı su

TALİMATLAR:

a) Tüm malzemeleri birleştirin, iyice karıştırın ve kuzu veya küçük domuz kasasına doldurun.

b) 8-10 saat soğuk duman.

c) Pişirmek, kızartmak, ızgara yapmak veya kaynatmak için.

47. <u>Fransız Beyaz Tavuk Pudingi</u>

İÇİNDEKİLER:

- 3 pound ince öğütülmüş tavuk göğsü
- 2 pound ince öğütülmüş domuz poposu
- 1 su bardağı yemeklik doğranmış kuru soğan, sıvıyağda kavrulur
- 3 defne yaprağı
- 1 çay kaşığı kekik
- 5 yemek kaşığı tuz
- 1 çay kaşığı beyaz biber
- 1 çay kaşığı salça
- 1 çay kaşığı hindistan cevizi
- 8 yumurta
- 4 su bardağı kaynamış süt, soğutulmuş

TALİMATLAR:

a) Tüm malzemeleri birleştirin, iyice karıştırın ve domuz kasasına doldurun.

b) Pişirmek için 20 dakika pişirin, ardından tereyağı ile kısık ateşte kavurun.

48. Alman Siyah Pudingi

İÇİNDEKİLER:

- 4 pound domuz yağı, küp
- 4 su bardağı soğan, doğranmış ve hafif
- domuz yağı sote
- 4 çay kaşığı tuz
- $\frac{1}{2}$ çay kaşığı taze çekilmiş karabiber
- $\frac{1}{2}$ çay kaşığı öğütülmüş tüm baharatlar
- 2 su bardağı krema
- 8 su bardağı domuz kanı

TALİMATLAR:

a) Yukarıdaki malzemeleri iyice karıştırın. Muhafazaya oldukça gevşek bir şekilde doldurun.

b) Muhallebileri tel sepet veya benzeri bir kaba alıp kaynayan suya atın. Isıyı azaltın ve 20 dakika pişirin.

c) Muhallebiler su yüzeyine çıkınca havasını almak için kabuklarını iğne ile delin. Boşaltın ve kapta soğumaya bırakın.

d) Servis yapmak için pudinglerin her iki tarafına da birkaç küçük kesik atın ve kısık ateşte her tarafının kızardığından emin olarak yavaş yavaş pişirin.

49. <u>Yumurtalı Siyah Alman Pudingi</u>

İÇİNDEKİLER:

- 2 pound domuz yağı, küp ve hafifçe eritilmiş
- 1 su bardağı krema
- 6 yumurta, çırpılmış
- 1 su bardağı sıvı yağda hafif kavrulmuş kuru soğan
- 1 yemek kaşığı tuz
- ½ çay kaşığı taze çekilmiş karabiber
- ½ çay kaşığı yenibahar, öğütülmüş
- ½ çay kaşığı kekik
- defne yaprağı, ezilmiş
- 4 su bardağı domuz kanı

TALİMATLAR:

a) Yukarıdaki malzemeleri iyice karıştırın. Bu karışım kaçak avlanırken şişeceğinden gevşek bir şekilde doldurduğunuzdan emin olarak domuz kasasına doldurun.

b) Muhallebileri tel sepete alıp kaynayan suya atın.

c) Isıyı kaynama seviyesinin hemen altına düşürün ve yaklaşık 20 dakika pişirin.

d) Pudingler yüzeye çıkınca havasını almak için iğne ile delin. Servis yapmak için, pudingleri ikiye bölün ve kısık ateşte her tarafı kahverengi olana kadar yavaşça kavurun.

e) Bir qt'ye bir çay kaşığı sirke ekleyin. pıhtılaşmasını önlemek için taze kan.

50. <u>Alman Kanı ve Dil Sosis</u>

İÇİNDEKİLER:

- 9 pound domuz sırt yağı
- 3 pound pişmiş kabukları
- 6 pound pişmiş domuz dili
- 2 pound kan
- 7 ons tuz
- $\frac{3}{4}$ ons biber
- $\frac{1}{2}$ ons topuz
- $\frac{1}{4}$ ons mercanköşk
- $\frac{1}{4}$ ons soğan tozu (isteğe bağlı)

TALİMATLAR:

a) Yağı küp haline getirin ve kaynar suda haşlayın.

b) Pişen kabukları 2 kez ince kıyma makinesinden geçirin.

c) Pişmiş, derili dilleri küp küp doğrayın.

d) Kanı biraz ısıtmak için sıcak su kabına koyun.

e) Domuz yağının suyunu süzün ve tüm malzemeleri birlikte karıştırın. Karıştırma işlemi sırasında mümkün olduğu kadar sıcak olmalıdırlar.

f) Sığır kasasına (tercihen) doldurun, kaynar suya daldırın ve ısıyı 180° F'ye düşürün. Sosislerin boyutuna bağlı olarak 3-4 saat pişirin.

g) Pıhtılaşmasını önlemek için her litre taze kan için bir çay kaşığı sirke ekleyin.

51. Alman Bockwurst

İÇİNDEKİLER:

- $4\frac{1}{2}$ pound ince öğütülmüş dana eti
- $\frac{1}{2}$ pound ince öğütülmüş domuz yağı
- $\frac{3}{4}$ fincan ince kıyılmış soğan
- 3 bardak süt
- 3 yumurta
- $2\frac{1}{2}$ çay kaşığı öğütülmüş karanfil
- $1\frac{1}{2}$ çay kaşığı beyaz biber
- 3 çay kaşığı ince kıyılmış maydanoz
- 3 çay kaşığı tuz

TALİMATLAR:

a) Tüm malzemeleri birleştirin, iyice karıştırın ve öğütücünün ince bıçağından tekrar geçirin.

b) Domuz kasasına doldurun.

52. <u>Almanca Braunschweiger</u>

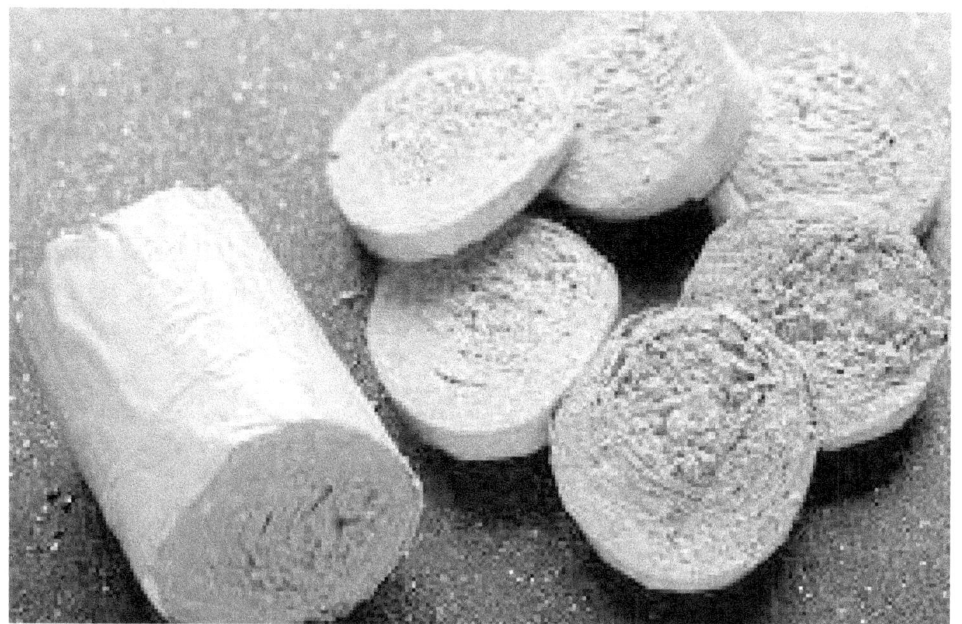

İÇİNDEKİLER:

- $2\frac{1}{2}$ pound ince öğütülmüş pişmiş domuz ciğeri (haşlanmış)
- $2\frac{1}{2}$ pound ince öğütülmüş pişmiş domuz eti (haşlanmış)
- 2 yemek kaşığı tuz
- 1 su bardağı rendelenmiş soğan
- 1 yemek kaşığı şeker
- 2 çay kaşığı beyaz biber
- 2 çay kaşığı öğütülmüş karanfil
- $\frac{1}{2}$ çay kaşığı öğütülmüş zencefil
- 2 çay kaşığı öğütülmüş hindistan cevizi
- $\frac{1}{2}$ çay kaşığı öğütülmüş mercanköşk
- $\frac{1}{4}$ çay kaşığı adaçayı
- $\frac{1}{4}$ çay kaşığı yenibahar
- 1 su bardağı eti haşlamak için kullanılan su

TALİMATLAR:

a) Tüm malzemeleri birleştirin, pürüzsüz ve macun kıvamına gelene kadar karıştırın ve sığır eti, domuz eti veya kumaş kasaya doldurun.

b) Tuzlu suda yaklaşık 20 dakika haşlayın.

c) Kullanmadan önce 24 saat buzdolabında bekletin.

d) Bu sosis ciğer sucuğuna çok benziyor. Yayılma olarak kullanın.

53. <u>Alman Sosisleri</u>

İÇİNDEKİLER:

- 4 pound ince öğütülmüş domuz poposu
- 2 pound ince öğütülmüş dana eti
- ½ çay kaşığı öğütülmüş yenibahar
- 1 çay kaşığı kimyon tohumu
- 1 çay kaşığı kurutulmuş mercanköşk
- 1½ çay kaşığı beyaz biber
- 3 çay kaşığı tuz
- 1 bardak soğuk su

TALİMATLAR:

a) Tüm malzemeleri birleştirin, iyice karıştırın ve öğütücünün ince bıçağından tekrar geçirin.

b) Domuz kasasına doldurun.

54. <u>Alman Frankfurters (Wieners)</u>

İÇİNDEKİLER:

- 3 pound ince kıyma sığır aynası
- 2 pound ince öğütülmüş domuz poposu
- 2 çay kaşığı beyaz biber
- 1 çay kaşığı öğütülmüş kişniş
- 1 çay kaşığı öğütülmüş zencefil
- 1 çay kaşığı öğütülmüş topuz
- 4 diş preslenmiş sarımsak
- 1½ yemek kaşığı tuz
- 1½ bardak su

TALİMATLAR:

a) Tüm malzemeleri birleştirin, iyice karıştırın ve koyun kılıfına doldurun.

b) 115°F'de veya zengin bir turuncu renge ulaşılana kadar 2 veya 3 saat tütsüleyin.

c) Ardından 160°-170°F'ye ısıtılmış suda sosisler yüzene kadar pişirin.

55. <u>Almanca Frankfurter (Wienerwurst)</u>

İÇİNDEKİLER:

- $3\frac{1}{2}$ pound ince öğütülmüş domuz poposu
- $1\frac{1}{2}$ pound ince kıyma dana güveç eti
- $\frac{3}{4}$ fincan ince kıyılmış soğan
- 3 diş preslenmiş sarımsak
- 2 çay kaşığı öğütülmüş kişniş
- $\frac{1}{2}$ çay kaşığı mercanköşk
- $\frac{1}{2}$ çay kaşığı öğütülmüş topuz
- $\frac{3}{4}$ çay kaşığı öğütülmüş hardal
- 2 çay kaşığı kırmızı biber
- 2 çay kaşığı beyaz biber
- 2 yumurta akı
- 1 yemek kaşığı şeker
- 1 yemek kaşığı tuz
- $\frac{1}{2}$ su bardağı süt
- 1 bardak soğuk su

TALİMATLAR:

a) Et hariç tüm malzemeleri püre haline getirin.

b) İyice karıştırın ve öğütücünün ince bıçağından tekrar geçirin.

c) Karışıma et ekleyin ve küçük domuz veya koyun kasasına doldurun.

d) Kaynayan suda (ayırmadan) yaklaşık 20 dakika kaynatın.

e) Buzlu suya koyun, çıkarın ve saklayın.

56. <u>Almanca Gehirnwurst</u>

İÇİNDEKİLER:

- $2\frac{1}{2}$ pound domuz beyni (tuzlu, asitlenmiş suda pişirilir)
- $2\frac{1}{2}$ pound kaba öğütülmüş domuz eti
- 2 yemek kaşığı tuz
- 1 yemek kaşığı biber
- 2 çay kaşığı topuz
- 1 su bardağı su

TALİMATLAR:

a) Bitene kadar domuz beyni pişirin.

b) Tüm malzemeleri birleştirin, iyice karıştırın ve domuz kasasına doldurun.

c) Pişirmek için kaynar suda haşlayın veya kızartın veya pişirin.

57. <u>Alman Knackwurst</u>

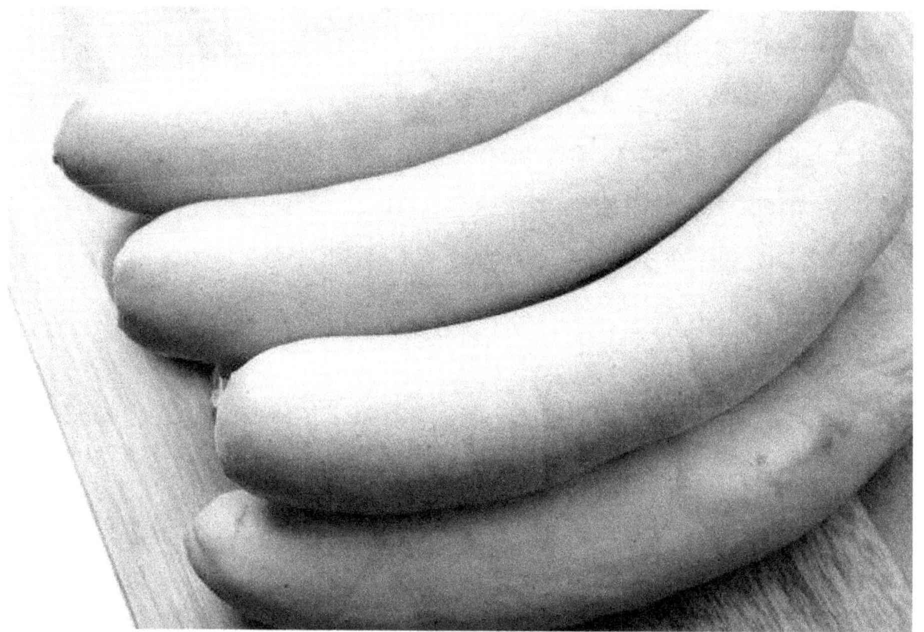

İÇİNDEKİLER:

- 4 pound orta öğütülmüş domuz eti
- 2 pound sığır eti
- 3 yemek kaşığı tuz
- $1\frac{1}{2}$ yemek kaşığı kimyon
- 1 yemek kaşığı sarımsak tozu
- 1 su bardağı su

TALİMATLAR:

a) Tüm malzemeleri ve malzemeleri domuz kasasına birleştirin.

b) Buzdolabında 2 gün kurutun, ardından sosisler kehribar rengine dönene kadar soğutun.

c) 10 dakika haşlayın, ardından güzelce kızarana kadar tereyağında soteleyin.

58. Almanca Königswurst

İÇİNDEKİLER:

- $2\frac{1}{2}$ pound iri kıyma tavuk eti
- $2\frac{1}{2}$ pound keklik eti
- $\frac{3}{4}$ su bardağı mantar, doğranmış
- 2 yumurta
- 2 yemek kaşığı tuz
- 2 çay kaşığı biber
- 2 çay kaşığı topuz
- 1 bardak Ren şarabı

TALİMATLAR:

a) Tüm malzemeleri birleştirin, iyice karıştırın ve koyun kılıfına koyun.

b) Pişirmek, tavada kızartmak veya ızgara yapmak veya her tarafı güzel bir altın rengi olana kadar fırında pişirmek için.

59. <u>almanca</u>

İÇİNDEKİLER:

- 3 pound ince kıyma sığır aynası
- 2 pound ince öğütülmüş domuz poposu
- 2 yemek kaşığı tuz
- 2 çay kaşığı şeker
- $2\frac{1}{2}$ yemek kaşığı beyaz biber
- 2 çay kaşığı topuz
- $\frac{1}{4}$ çay kaşığı öğütülmüş yenibahar
- $\frac{1}{2}$ çay kaşığı kişniş
- 1 yemek kaşığı kırmızı biber
- 4 diş preslenmiş sarımsak
- 1 su bardağı su

TALİMATLAR:

a) Tüm malzemeleri birleştirin, iyice karıştırın ve domuz kasasına doldurun.

b) Pişirmek, pişirmek veya kızartmak için.

60. Alman ciğer sucuğu

İÇİNDEKİLER:

- $2\frac{1}{2}$ pound ince öğütülmüş pişmiş domuz ciğeri (haşlanmış)
- $2\frac{1}{2}$ pound ince öğütülmüş pişmiş domuz eti (haşlanmış)
- 2 yemek kaşığı tuz
- 1 su bardağı rendelenmiş soğan
- 1 yemek kaşığı şeker
- $2\frac{1}{4}$ çay kaşığı beyaz biber
- $\frac{1}{2}$ çay kaşığı öğütülmüş adaçayı
- $\frac{1}{2}$ çay kaşığı mercanköşk
- $\frac{1}{2}$ çay kaşığı öğütülmüş hindistan cevizi
- $\frac{1}{4}$ çay kaşığı öğütülmüş zencefil
- 1 su bardağı eti haşlamak için kullanılan su

TALİMATLAR:

a) Tüm malzemeleri birleştirin, pürüzsüz ve macun kıvamına gelene kadar karıştırın ve sığır eti, domuz eti veya kumaş kasaya doldurun.

b) Tuzlu suda yaklaşık 20 dakika haşlayın.

c) Kullanmadan önce 24 saat buzdolabında bekletin. Yayılma olarak kullanın.

61. <u>Almanca Mettwurst</u>

İÇİNDEKİLER:

- 3 pound ince öğütülmüş pişmiş domuz eti (haşlanmış)
- 2 pound ince öğütülmüş pişmiş domuz karaciğeri (haşlanmış)
- 1 yemek kaşığı tuz
- 3 çay kaşığı beyaz biber
- 3 çay kaşığı kişniş
- 1 su bardağı eti haşlamak için kullanılan su

TALİMATLAR:

a) Tüm malzemeleri birleştirin, pürüzsüz ve macun kıvamına gelinceye kadar karıştırın ve domuz eti, sığır eti veya kumaş kılıfına doldurun.

b) Tuzlu suda yaklaşık 20 dakika haşlayın.

c) Kullanmadan önce 24 saat buzdolabında bekletin.

d) Yayılma olarak kullanın.

62. <u>Almanca Metz</u>

İÇİNDEKİLER:

- 4 pound ince kıyma sığır aynası
- 1 pound ince öğütülmüş domuz pastırması
- 1 yemek kaşığı karabiber
- 1 çay kaşığı öğütülmüş kişniş
- 1 yemek kaşığı tuz
- 1 bardak Ren şarabı

TALİMATLAR:

a) Tüm malzemeleri birleştirin, iyice karıştırın ve domuz kasasına doldurun.

b) 6 inçlik uzunluklarda bağlayın.

c) 24 saat soğuk duman. Pişirmek, kızartmak veya pişirmek için.

63. <u>Almanca Schwabischewurst</u>

İÇİNDEKİLER:

- 5 pound ince öğütülmüş domuz poposu
- 2 yemek kaşığı tuz
- 3 çay kaşığı karabiber
- 3 çay kaşığı şeker
- 6 diş preslenmiş sarımsak
- 2 yemek kaşığı kimyon tohumu
- 1 bardak soğuk su

TALİMATLAR:

a) Tüm malzemeleri birleştirin, iyice karıştırın ve domuz kasasına doldurun.

b) Pişirmek için kaynatın ve yaklaşık 40 dakika pişirin.

c) Pişirin, kızartın veya olduğu gibi yiyin.

64. <u>Almanca Wurstchen</u>

İÇİNDEKİLER:

- 3 pound orta öğütülmüş domuz poposu
- 2 kilo orta boy dana eti
- 2 yemek kaşığı tuz
- 2 yemek kaşığı karabiber
- 2 yemek kaşığı yenibahar
- 2 çay kaşığı kakule
- 1 bardak Ren şarabı

TALİMATLAR:

a) Tüm malzemeleri birleştirin, iyice karıştırın ve koyun kılıfına doldurun.

b) Yaklaşık 5 dakika haşlayın, sonra kızartın.

65. Yunan Loukanika Sosis

İÇİNDEKİLER:

- 5 pound kaba kıyılmış domuz poposu
- 3 çay kaşığı tuz
- 7 diş preslenmiş sarımsak
- 1 yemek kaşığı kekik
- 1 yemek kaşığı mercanköşk
- 1½ çay kaşığı öğütülmüş yenibahar
- 1½ çay kaşığı kişniş
- 1 çay kaşığı ezilmiş defne yaprağı
- 1½ yemek kaşığı rendelenmiş portakal kabuğu
- 1 bardak kırmızı şarap

TALİMATLAR:

a) Tüm malzemeleri birleştirin, iyice karıştırın ve domuz kasasına doldurun veya köfteler yapın.

66. Yunan Portakal Sosis

İÇİNDEKİLER:

- 3 pound ince öğütülmüş domuz poposu
- 2 pound ince kıyma
- 3 diş preslenmiş sarımsak
- 1 büyük portakal
- 1 yemek kaşığı tarçın
- 1 yemek kaşığı yenibahar
- 1 yemek kaşığı karabiber
- 1 yemek kaşığı tuz
- 1 bardak beyaz şarap

TALİMATLAR:

a) Sarımsak, portakal kabuğu, tarçın, yenibahar, biber, tuz ve şarabı birleştirin.

b) Portakal kabuğu ince ince doğranana kadar blenderdan geçirin.

c) Etle iyice karıştırın ve domuz kasasına doldurun veya köfte yapın.

67. <u>Yunan domuz sosisi</u>

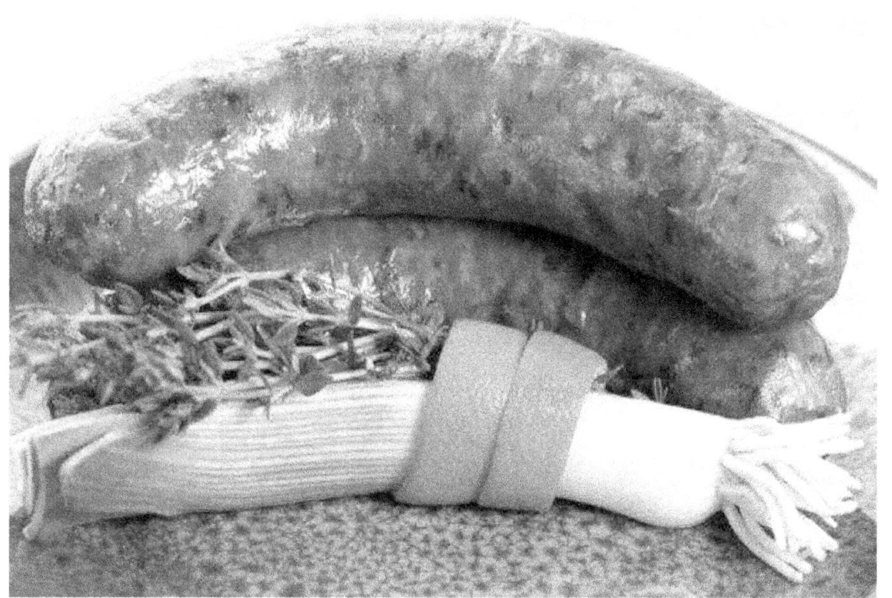

İÇİNDEKİLER:

- 5 pound orta öğütülmüş domuz poposu
- 1 büyük ince doğranmış soğan
- 6 diş preslenmiş sarımsak
- 2 çay kaşığı karabiber
- 2 çay kaşığı kekik yaprağı
- $\frac{3}{4}$ çay kaşığı acı biber
- $\frac{3}{4}$ çay kaşığı toz biber
- $\frac{3}{4}$ çay kaşığı yenibahar
- $\frac{3}{4}$ çay kaşığı kekik
- 2 defne yaprağı
- $\frac{1}{2}$ su bardağı kıyılmış maydanoz
- 1 su bardağı su

TALİMATLAR:

a) Tüm malzemeleri birleştirin, iyice karıştırın ve domuz kasasına doldurun.

b) Pişirmek, pişirmek veya kızartmak için.

68. Yunan Kan Sosis

İÇİNDEKİLER:

- 5 pound kaba öğütülmüş pişmiş domuz eti (haşlanmış)
- 2 yemek kaşığı tuz
- 1 su bardağı rendelenmiş soğan
- 1 yemek kaşığı karabiber
- $\frac{1}{2}$ çay kaşığı öğütülmüş mercanköşk
- $\frac{1}{2}$ çay kaşığı öğütülmüş kekik
- $\frac{1}{2}$ çay kaşığı salça
- $\frac{1}{2}$ çay kaşığı öğütülmüş karanfil
- 1 adet domuz kanı

TALİMATLAR:

a) Tüm malzemeleri birleştirin, iyice karıştırın ve domuz kasasına doldurun.

b) Pişirmek için, sosisleri ılık suya koyun ve 15 dakika pişirin.

c) Pıhtılaşmasını önlemek için her litre taze kan için bir çay kaşığı sirke ekleyin.

69. <u>Macar Balık Sosis</u>

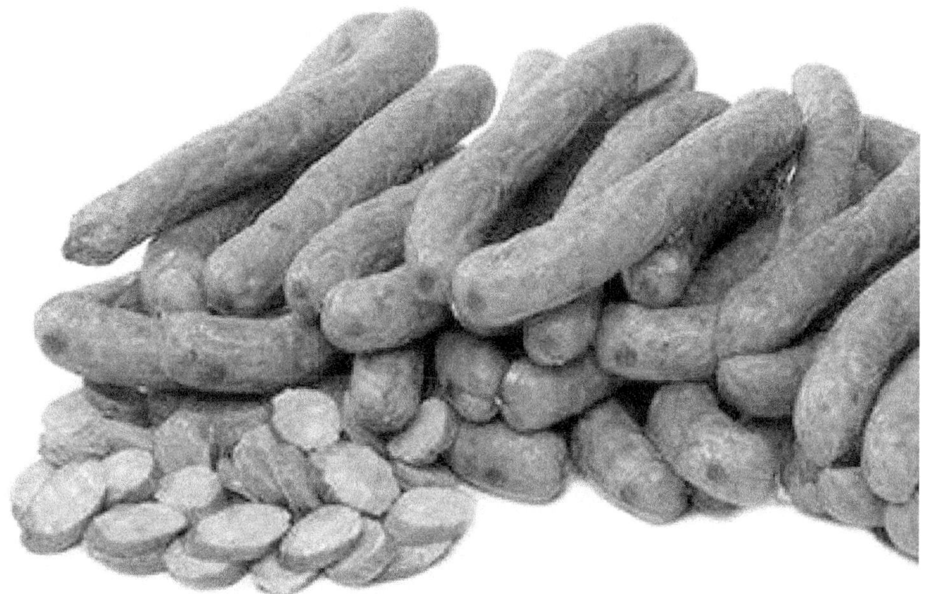

İÇİNDEKİLER:

- 4 adet beyaz ekmek
- 2 bardak süt
- 5 pound balık filetosu
- 8 yumurta
- 4 yemek kaşığı maydanoz
- 2 çay kaşığı tuz
- 1 çay kaşığı biber

TALİMATLAR:

a)Ruloları süte batırın, sıkın, parçalayın ve ruloları balık, yumurta, maydanoz, tuz ve karabiber ve koyun kabuğundaki malzemelerle karıştırın.

b)Sosisleri kızartın veya kızartın.

70. Macar Hazi Kolbasz

İÇİNDEKİLER:

- 5 pound orta öğütülmüş domuz eti
- 4 diş sarımsak
- 2 yemek kaşığı tuz
- 2 çay kaşığı karabiber
- 1½ yemek kaşığı kırmızı biber
- ½ çay kaşığı öğütülmüş karanfil
- 1 limon kabuğu
- 1 su bardağı su

TALİMATLAR:

a) Tüm malzemeleri ve malzemeleri domuz kasasına birleştirin.

b) 350 ° F'de yaklaşık 1 saat pişirin.

71. Macar Hurkası

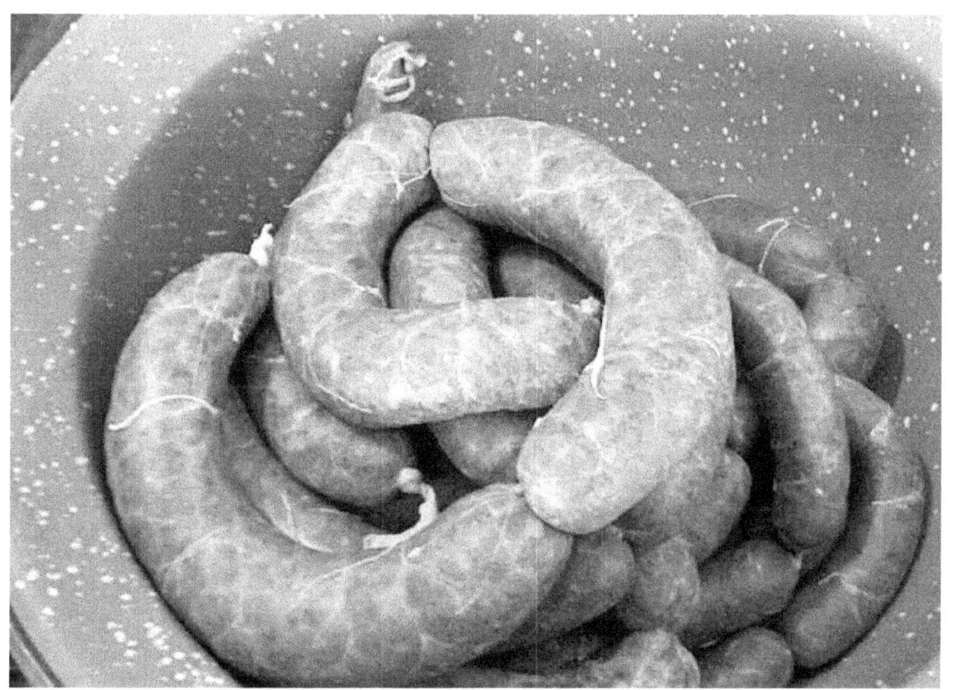

İÇİNDEKİLER:

- 4 pound domuz poposu
- 2 pound domuz kalbi
- 1 pound domuz gıdı
- 1 kilo domuz ciğeri
- $\frac{1}{4}$ su bardağı tuz
- 1 yemek kaşığı karabiber
- $\frac{1}{8}$ çay kaşığı öğütülmüş mercanköşk
- $\frac{1}{4}$ fincan domuz yağında kızartılmış 1 büyük soğan
- 5 pound pişmiş pirinç

TALİMATLAR:

a)Eti kaba bir bıçakla pişirin ve öğütün. Haşlanmış etten 1 su bardağı suyu ekleyin.

b)Hepsini karıştırın ve domuz kasasına doldurun. Kaynar suya bırakın. 1 dakika kaynatın, çıkarın ve daha sonra pişirin.

72. Macar Kolbasz

İÇİNDEKİLER:

- 12 pound kaba öğütülmüş domuz eti
- 6 büyük diş sarımsak
- $\frac{1}{4}$ su bardağı tuz
- 2 yemek kaşığı karabiber
- 3 yemek kaşığı kırmızı biber
- 1 çay kaşığı acı biber
- 1 su bardağı su

TALİMATLAR:

a) Sarımsağı suda haşlayın, sonra ezin.

b) Diğer malzemelere sıvıyağ ve sarımsağı ekleyip karıştırın.

c) Domuz kasasına doldurun.

73. <u>Macar Majas Hurka (Acılı Ciğer Sucuğu)</u>

İÇİNDEKİLER:

- 1 pound domuz poposu
- 2 kilo domuz ciğeri
- 2 pound domuz ciğeri
- 2 yemek kaşığı tuz
- 1 su bardağı pişmemiş pirinç
- $2\frac{1}{2}$ su bardağı et suyu (bulyon)
- 2 büyük soğan
- $\frac{1}{2}$ pound domuz yağı
- 1 yemek kaşığı biber
- 1 çay kaşığı mercanköşk

TALİMATLAR:

a) Domuz butunu, karaciğeri ve ciğerleri 1 yemek kaşığı tuzla birlikte haşlayın.

b) Et suyunda pirinci pişirin ve yumuşayana kadar soğanları kızartın.

c) Pirinç hariç tüm malzemeleri birleştirin ve öğütücünün ince plakasından geçirin.

d) Pirinci ekleyin, iyice karıştırın ve domuz kasasına doldurun. Pişirmek için sosisleri 10 dakika kaynatın, ardından kızartın veya pişirin.

74. İrlanda sosisi

İÇİNDEKİLER:

- 5 pound kaba kıyılmış domuz poposu
- 5 su bardağı galeta unu
- 4 yumurta, hafifçe çırpılmış
- 8 diş preslenmiş sarımsak
- 1 yemek kaşığı tuz
- 3 çay kaşığı kekik
- 3 çay kaşığı fesleğen
- 3 çay kaşığı biberiye
- 3 çay kaşığı mercanköşk
- 3 çay kaşığı karabiber
- 2 su bardağı su

TALİMATLAR:

a) Tüm malzemeleri birleştirin, iyice karıştırın ve koyun kılıfına doldurun.

b) Pişirmek için tereyağında veya sıvı yağda kızartın.

75. İrlanda Bolonyası

İÇİNDEKİLER:

- 3 kilo dana kıyma
- 2 pound domuz poposu
- 2 yemek kaşığı tuz
- 1 yemek kaşığı beyaz biber
- 4 diş preslenmiş sarımsak
- $\frac{1}{2}$ çay kaşığı öğütülmüş kişniş
- $\frac{1}{2}$ çay kaşığı öğütülmüş zencefil
- $\frac{1}{2}$ çay kaşığı öğütülmüş hardal
- $\frac{1}{2}$ çay kaşığı öğütülmüş hindistan cevizi
- 2 su bardağı su

TALİMATLAR:

a) Sığır eti tuzun yarısı ile kaba öğütme plakasında öğütün ve yaklaşık 48 saat buzdolabında dinlenmeye bırakın.

b) Domuz etini kaba öğütme plakasından geçirirken tuzun diğer yarısını kullanın ve bunu gece boyunca kurutun.

c) İyileştirilmiş sığır etini ince bir tabak kullanarak yeniden öğütün, ardından domuz eti ekleyin ve karışımı tekrar öğütün. Baharatları ve suyu ekleyin ve tüm karışım yapışkan hale gelene kadar yürekten karıştırın. Bu kıvama gelmeniz 30-40 dakikanızı alabilir.

d) Sosisleri sığır kılıfına veya tülbent torbalara doldurun ve gece boyunca serin bir yerde asın.

e) Yaklaşık 115°F'de 2 saat veya zengin bir maun kahvesi olana kadar tütsüleyin.

f) Sıcak, taze tütsülenmiş sosisi hemen yaklaşık 170°F'ye kadar ısıtılmış suya koyun ve başparmağınızın ve parmağınızın kasa üzerindeki baskısı aniden boşaldığında gıcırdayana kadar pişirin.

g) Sığır bağırsağına doldurulmuş sosis için normal pişirme süresi 15-30 dakikadır - daha büyük kasa için 60-90 dakikadır.

h) Pişen sucuğu soğuk suya atıp soğutun. Serin bir yerde asın.

76. <u>İtalyan Pişmiş Salam</u>

İÇİNDEKİLER:

- $2\frac{1}{2}$ pound ince kıyma dana aynası
- $2\frac{1}{2}$ pound ince öğütülmüş domuz poposu
- 3 yemek kaşığı tuz
- 5 yemek kaşığı bal
- 1 yemek kaşığı karabiber
- 3 çay kaşığı bütün karabiber
- 1 yemek kaşığı kakule
- 10 diş preslenmiş sarımsak
- 1 su bardağı kuru yağsız süt
- 1 su bardağı su

TALİMATLAR:

a) Tüm malzemeleri birleştirin, iyice karıştırın ve 24 saat buzdolabında saklayın.

b) Selüloz veya fiber kılıf içine doldurun. 1–2 saat veya muhafaza kuruyana kadar dumanı soğutun.

c) Kantinin sıcaklığını kademeli olarak 160°–165°F'ye yükseltin.

d) 140°F'lik bir iç sıcaklığa ulaşılana kadar hafifçe sigara içirin.

e) Sosisleri soğuk suda soğutun ve oda sıcaklığında 2-3 saat asın.

f) soğutun.

77. İtalyan Cotechino

İÇİNDEKİLER:

- 5 pound kaba öğütülmüş taze jambon, deri ile
- 2 yemek kaşığı tuz
- 1⅓yemek kaşığı iri taneli karabiber
- 2 çay kaşığı öğütülmüş hindistan cevizi
- 2 çay kaşığı öğütülmüş tarçın
- 2 çay kaşığı acı biber
- ½ fincan parmesan peyniri
- 1 çay kaşığı öğütülmüş karanfil
- 1 bardak soğuk su

TALİMATLAR:

a) Tüm malzemeleri birleştirin, iyice karıştırın ve domuz kasasına doldurun.

b) Yemeden veya dondurmadan önce buzdolabında 2 gün bekletin.

78. İtalyan Luganega

İÇİNDEKİLER:

- 5 pound ince öğütülmüş domuz poposu
- $1\frac{1}{2}$ bardak rendelenmiş parmesan peyniri
- $\frac{2}{3}$ çay kaşığı öğütülmüş hindistan cevizi
- $\frac{2}{3}$ çay kaşığı öğütülmüş kişniş
- $\frac{1}{2}$ çay kaşığı rendelenmiş limon kabuğu
- $\frac{1}{2}$ çay kaşığı rendelenmiş portakal kabuğu
- $1\frac{1}{4}$ çay kaşığı karabiber
- 2 diş preslenmiş sarımsak
- 1 yemek kaşığı tuz
- 1 su bardağı kuru vermut

TALİMATLAR:

a) Tüm malzemeleri birleştirin, iyice karıştırın ve domuz kasasına doldurun.

b) Dondurmadan 1 veya 2 gün önce buzdolabında bekletin.

79. İtalyan Biber Sosis

İÇİNDEKİLER:

- $4\frac{1}{2}$ pound kaba öğütülmüş domuz eti
- $1\frac{1}{2}$ pound tuzlu domuz eti
- 1 diş sarımsak
- 1 soğan, dörde bölünmüş
- $1\frac{1}{2}$ yemek kaşığı taze çekilmiş karabiber
- 2 yemek kaşığı tuz
- 4 yemek kaşığı kırmızı biber
- 4 çay kaşığı rezene
- 2 yemek kaşığı ezilmiş kırmızı biber, kurutulmuş
- $\frac{1}{4}$ çay kaşığı kekik
- $\frac{1}{2}$ çay kaşığı defne yaprağı, ezilmiş
- $\frac{1}{4}$ çay kaşığı kişniş
- 1 bardak kırmızı şarap

TALİMATLAR:

a) Tüm malzemeleri birleştirin, iyice karıştırın ve domuz kasasına doldurun.

b) Uzunlamasına bölebilir ve orta ateşte kızartabilir veya her tarafı kahverengi olana ve iyi pişene kadar tavada kızartabilirsiniz.

80. İtalyan sosisi

İÇİNDEKİLER:
- 5 pound kaba kıyılmış domuz poposu
- 1 yemek kaşığı tuz
- 1 yemek kaşığı iri taneli karabiber
- 5 diş preslenmiş sarımsak
- 1 yemek kaşığı rezene tohumu
- 1 çay kaşığı anason tohumu
- 1 bardak soğuk su

TALİMATLAR:
a) Daha sıcak sosis için 1 yemek kaşığı ezilmiş acı biber ekleyin.
b) Tüm malzemeleri birleştirin, iyice karıştırın ve domuz kasasına doldurun veya köfteler yapın.

81. <u>İtalyan Sosis (Acı)</u>

İÇİNDEKİLER:

- 5 pound kaba kıyılmış domuz poposu
- 2 yemek kaşığı tuz
- 2 çay kaşığı rezene tohumu
- 2 çay kaşığı şeker
- 1 yemek kaşığı öğütülmüş acı biber
- ½ çay kaşığı kimyon tohumu
- 2 çay kaşığı kişniş
- 1 su bardağı su

TALİMATLAR:

a) Tüm malzemeleri birleştirin, iyice karıştırın ve domuz kasasına doldurun.

b) Pişirmek, kızartmak veya pişirmek için.

82. İtalyan Sosis (Tatlı)

İÇİNDEKİLER:

- 5 pound kaba kıyılmış domuz poposu
- 3 çay kaşığı rezene tohumu
- 2 çay kaşığı beyaz biber
- $1\frac{1}{2}$ çay kaşığı adaçayı yaprağı
- 5 diş preslenmiş sarımsak
- 3 çay kaşığı tuz
- 1 bardak beyaz şarap

TALİMATLAR:

a) Tüm malzemeleri birleştirin, iyice karıştırın ve domuz kasasına doldurun veya köfteler yapın.

83. İtalyan Sosis (Tatlı veya Acı)

İÇİNDEKİLER:

- 5 pound kaba kıyılmış domuz poposu
- 1⅓yemek kaşığı tuz
- 1½ yemek kaşığı iri çekilmiş karabiber
- 1⅓yemek kaşığı öğütülmüş kişniş
- 5 diş preslenmiş sarımsak
- 2 yemek kaşığı kırmızı biber
- 1 bardak soğuk su

TALİMATLAR:

a) Acı sosis için 2 çay kaşığı ezilmiş kırmızı biber ekleyin.

b) Tüm malzemeleri birleştirin, iyice karıştırın ve domuz kasasına doldurun veya köfteler yapın.

84. İtalyan chorizo

İÇİNDEKİLER:

- 5 pound kaba kıyılmış domuz poposu
- $\frac{1}{2}$ su bardağı kırmızı şarap sirkesi
- 1 büyük doğranmış soğan
- 5 diş preslenmiş sarımsak
- 1 yemek kaşığı tuz
- 3 çay kaşığı esmer şeker
- $1\frac{1}{2}$ çay kaşığı kimyon
- $\frac{1}{2}$ çay kaşığı kişniş
- 1 çay kaşığı kuru nane yaprağı
- 1 yemek kaşığı kekik
- 1 çay kaşığı fesleğen
- 3 yemek kaşığı pul biber
- 1 su bardağı su

TALİMATLAR:

a) Tüm malzemeleri birleştirin, iyice karıştırın ve domuz kasasına doldurun.

85. Meksikalı Sonora Chorizo

İÇİNDEKİLER:

- 5 pound kaba kıyılmış domuz poposu
- 6 diş preslenmiş sarımsak
- 1 küçük doğranmış soğan
- 2 yemek kaşığı yenibahar
- 2 yemek kaşığı biber tozu (veya daha fazla)
- $\frac{1}{4}$ fincan brendi
- $\frac{1}{4}$ bardak sirke
- 1 çay kaşığı karabiber
- $\frac{1}{2}$ çay kaşığı tarçın
- $1\frac{1}{2}$ çay kaşığı kimyon
- $1\frac{1}{2}$ yemek kaşığı tuz
- 1 su bardağı su

TALİMATLAR:

a) Tüm malzemeleri birleştirin, iyice karıştırın ve domuz kasasına doldurun.

86. Meksika Chorizo

İÇİNDEKİLER:

- 5 pound kaba kıyılmış domuz poposu
- 5 çay kaşığı tuz
- 2 çay kaşığı karabiber
- 1 yemek kaşığı pul biber
- 2 çay kaşığı ezilmiş acı biber, kurutulmuş
- 2 çay kaşığı öğütülmüş kimyon
- 2 yemek kaşığı kırmızı biber
- 2 büyük kıyılmış soğan
- 8 diş preslenmiş sarımsak
- 1 bardak soğuk su

TALİMATLAR:

a) Tüm malzemeleri birleştirin, iyice karıştırın ve domuz kasasına doldurun veya köfteler yapın. Ve domuz kasasına koyun veya köfte yapın.

b) Beklemek.

87. Meksika/İspanyol Kuzu Sosis

İÇİNDEKİLER:

- 5 pound kaba öğütülmüş kuzu
- $1\frac{3}{4}$ su bardağı kıyılmış maydanoz
- $1\frac{3}{4}$ bardak kıyılmış soğan
- 2 çay kaşığı mercanköşk
- $\frac{1}{2}$ çay kaşığı kimyon
- $1\frac{1}{2}$ çay kaşığı kişniş
- 2 çay kaşığı kekik
- 3 çay kaşığı kırmızı biber
- 3 çay kaşığı karabiber
- 1 yemek kaşığı tuz
- 1 bardak soğuk su

TALİMATLAR:

a) Tüm malzemeleri birleştirin, iyice karıştırın ve koyun kılıfına doldurun.

b) Pişirmek, kızartmak, mangalda pişirmek (çok güzel) veya pişirmek için.

88. Norveç sosisi

İÇİNDEKİLER:

- 3 pound kaba kıyma dana aynası
- 2 pound kaba kıyılmış domuz poposu
- 1½ yemek kaşığı tuz
- 4 orta boy soğan, rendelenmiş
- 1 yemek kaşığı karabiber
- 2½ çay kaşığı hindistan cevizi
- 1 bardak soğuk su

TALİMATLAR:

a) Tüm malzemeleri birleştirin, iyice karıştırın ve domuz kasasına doldurun.

b) Pişirmek, pişirmek veya kızartmak için.

89. Polonya Kan Sosis

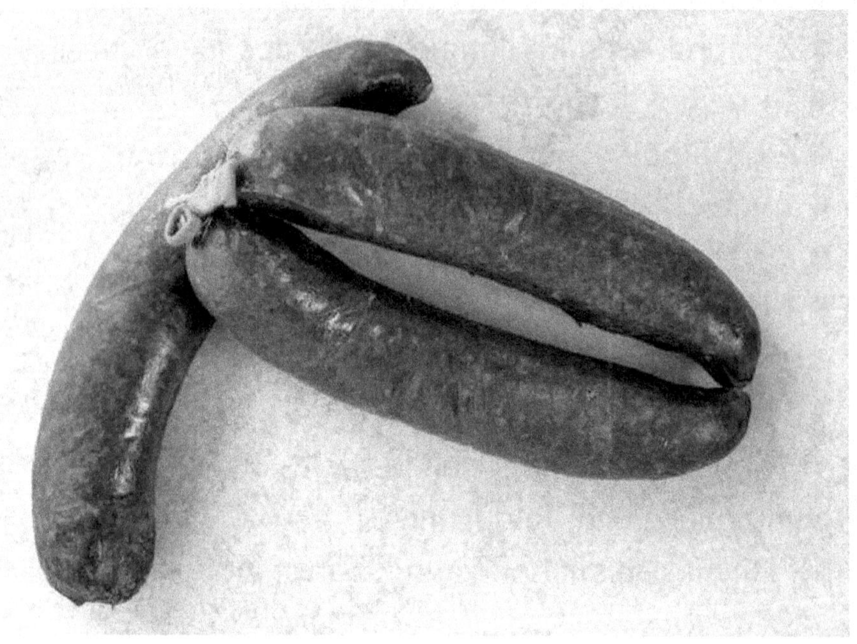

İÇİNDEKİLER:

- $2\frac{1}{2}$ pound kaba öğütülmüş domuz poposu
- 2 litre domuz kanı
- $2\frac{1}{2}$ bardak pişmiş pirinç veya arpa
- 1 çay kaşığı zencefil
- $1\frac{1}{2}$ çay kaşığı karabiber
- $1\frac{1}{2}$ çay kaşığı yenibahar
- 1 yemek kaşığı tuz
- 3 diş preslenmiş sarımsak
- 2 çay kaşığı kabartma tozu

TALİMATLAR:

a) Tüm malzemeleri birleştirin, iyice karıştırın ve domuz kasasına doldurun. Pişirmek için yaklaşık 375°F'de 1 saat pişirin.

b) Pıhtılaşmasını önlemek için her litre taze kan için bir çay kaşığı sirke ekleyin.

90. Polonya Kielbasa

İÇİNDEKİLER:

- 5 pound kaba öğütülmüş domuz eti
- 2 yemek kaşığı tuz
- $1\frac{1}{2}$ çay kaşığı biber
- 1 çay kaşığı mercanköşk
- 3 diş sarımsak, ince kıyılmış
- 1 su bardağı su

TALİMATLAR:

a) Tüm malzemeleri birleştirin, iyice karıştırın ve domuz kasasına doldurun.

b) Pişirmek için kısmen örtün ve $1\frac{1}{2}$ saat pişirin.

91. Polonyalı Kiszka

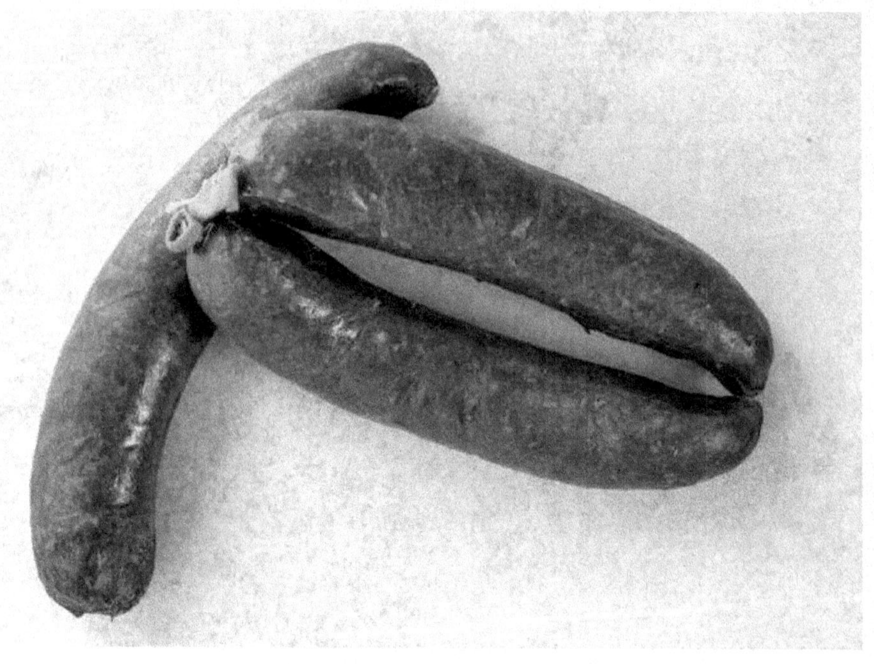

İÇİNDEKİLER:

- 3 pound kaba öğütülmüş pişmiş domuz eti
- 2 kilo pişmiş karabuğday
- $\frac{1}{2}$ çay kaşığı mercanköşk
- 1 yemek kaşığı tuz
- 1 yemek kaşığı karabiber

TALİMATLAR:

a) Tüm malzemeleri birleştirin, iyice karıştırın ve domuz kasasına doldurun.

b) Pişirmek, pişirmek veya istediğiniz gibi.

92. Lehçe Kiszka z Krwia

İÇİNDEKİLER:

- 4 bölünmüş domuz ayağı
- 3 pound kuşbaşı domuz poposu
- 7 soğan
- 3 pound kuşbaşı domuz karaciğeri
- 5 kilo karabuğday
- 1 yemek kaşığı öğütülmüş yenibahar
- 2 yemek kaşığı öğütülmüş mercanköşk
- $2\frac{1}{2}$ yemek kaşığı tuz
- 2 yemek kaşığı karabiber
- 1 puan domuz kanı (en son ekleyin)

TALİMATLAR:

a) Tüm malzemeleri birlikte pişirin.

b) Tüm malzemeleri birleştirin ve pişene kadar pişirin (kan hariç).

c) Soğutun ve kanı ekleyin. İyice karıştırın ve domuz kasasına doldurun. Bitene kadar pişirin. Müthiş!

d) Pıhtılaşmasını önlemek için her litre taze kan için bir çay kaşığı sirke ekleyin.

93. Polonya sosisi

İÇİNDEKİLER:

- 5 pound orta öğütülmüş domuz poposu
- 1½ yemek kaşığı tuz
- 1 yemek kaşığı şeker
- 1 yemek kaşığı karabiber
- 1 çay kaşığı mercanköşk
- 4 diş preslenmiş sarımsak
- 1 su bardağı su

TALİMATLAR:

a) Tüm malzemeleri birleştirin, iyice karıştırın ve domuz kasasına doldurun.

b) Pişirmek, pişirmek veya kızartmak için.

94. Füme Polonya Kielbasa

İÇİNDEKİLER:

- 5 pound ince öğütülmüş domuz poposu
- 3 yemek kaşığı tuz
- 1 yemek kaşığı şeker
- 1 yemek kaşığı karabiber
- 8 diş preslenmiş sarımsak
- 1 çay kaşığı mercanköşk
- 1 su bardağı su

TALİMATLAR:

a) Tüm malzemeleri birleştirin, iyice karıştırın ve 24 saat buzdolabında saklayın.

b) Büyük domuz kasasına doldurun.

c) 1-2 saat veya muhafaza kuruyana kadar dumanı soğutun. Kantinin sıcaklığını kademeli olarak 160°-165°F'ye yükseltin.

d) 140°F'lik bir iç sıcaklığa ulaşılana kadar ağır bir duman uygulayın.

e) Sosisleri soğuk suda soğutun ve oda sıcaklığında 2-3 saat asın.

95. Portekizce Linguiça

İÇİNDEKİLER:

- 5 pound kaba kıyılmış domuz poposu
- 2 yemek kaşığı tuz
- 1 yemek kaşığı şeker
- 8 diş preslenmiş sarımsak
- $\frac{1}{4}$ fincan şarap sirkesi
- 4 yemek kaşığı kırmızı biber
- 1 yemek kaşığı karabiber
- 3 çay kaşığı mercanköşk
- 1 bardak kırmızı şarap

TALİMATLAR:

a) Tüm malzemeleri birleştirin ve iyice karıştırın.

b) Domuz kasasına doldurun.

c) Pişirmek için Ren şarabında kızartın veya fırında pişirin.

96. Rumen Sığır Sosis

İÇİNDEKİLER:

- 5 pound kaba kıyma dana aynası
- 5 çay kaşığı tuz
- 1 çay kaşığı biber
- 5 diş preslenmiş sarımsak
- 1 yemek kaşığı soda
- $1\frac{1}{2}$ çay kaşığı karanfil
- 1 su bardağı su
- 2 yemek kaşığı şeker

TALİMATLAR:

a) Tüm malzemeleri birleştirin, iyice karıştırın ve domuz kasasına doldurun.

97. Rumen Mititei

İÇİNDEKİLER:

- 5 pound orta kıyma sığır aynası
- 8 diş preslenmiş sarımsak
- 3 çay kaşığı kabartma tozu
- 1 yemek kaşığı tuz
- 1 yemek kaşığı karabiber
- 1 su bardağı kıyılmış maydanoz
- ⅔ su bardağı zeytinyağı
- 1 su bardağı ılık su

TALİMATLAR:

a) Tüm malzemeleri birleştirin, iyice karıştırın ve domuz kasasına doldurun.

b) Pişirmek, mangal yapmak, kızartmak veya pişirmek için.

98. Romen Domuz Eti ve Dana Sosis

İÇİNDEKİLER:

- 3 pound orta öğütülmüş domuz poposu
- 2 pound orta kıyma sığır aynası
- 6 diş preslenmiş sarımsak
- $1\frac{1}{2}$ yemek kaşığı tuz
- 2 çay kaşığı karabiber
- $\frac{1}{2}$ çay kaşığı mercanköşk
- $\frac{1}{2}$ çay kaşığı
- 1 su bardağı su

TALİMATLAR:

a) Tüm malzemeleri birleştirin, iyice karıştırın ve domuz kasasına doldurun.

b) Kızartın veya pişirin.

99. Ruş sosisi

İÇİNDEKİLER:

- 5 pound kaba kıyılmış domuz poposu
- 2 büyük doğranmış soğan
- 2 yemek kaşığı preslenmiş sarımsak
- 1 su bardağı taze maydanoz, kıyılmış
- 3 yemek kaşığı dereotu tohumu
- 3 yemek kaşığı kimyon tohumu
- 1 yemek kaşığı karabiber
- 1 yemek kaşığı tuz
- 2 su bardağı su

TALİMATLAR:

a) Tüm malzemeleri birleştirin, iyice karıştırın ve domuz kasasına doldurun.

b) 350°F'de yaklaşık 1 saat pişirin.

100. İskoç Haggis

İÇİNDEKİLER:

- 1 koyun midesi
- 1 koyun kalbi
- 1 koyun ciğeri
- 1 koyun ciğeri
- $\frac{3}{4}$ bardak yulaf ezmesi
- $\frac{1}{2}$ pound taze dana iç yağı
- 3 soğan, doğranmış
- 1 çay kaşığı tuz
- $\frac{1}{8}$ çay kaşığı biber
- bir tutam kırmızı biber
- $\frac{3}{4}$ bardak stoğu
- 1 bardak viski

TALİMATLAR:

a) Mideyi iyice yıkayın, ters çevirin ve kaynar suda haşlayın. Bıçakla kazıyın. Bir gece soğuk tuzlu suda bekletin.

b) Kalbi, ciğerleri ve karaciğeri $1\frac{1}{2}$ saat pişirin. Serin.

c) Yulaf ezmesini fırında kızartın.

d) Kıkırdakları ve boruları kesin ve ciğerleri irice rendeleyin.

e) Kalp ve ciğerleri doğrayın ve tüm malzemeleri birlikte karıştırın.

f) İstenirse daha fazla tuz ve karabiber ekleyin. Mideyi üçte iki oranında doldurun.

g) Yulaf ezmesinin şişmesi için yer olmalıdır.

h) Torbadan hava bastırın ve güvenli bir şekilde dikin.

i) Mideyi birkaç kez iğne ile delin.

j) Kapaksız 3 saat kaynatın.

k) Gerektiği kadar su ekleyin. İplikleri çıkarın ve bir kaşıkla servis yapın.

ÇÖZÜM

Tebrikler, En İyi Sosis Yapımı Yemek Kitabı'nın sonuna geldiniz! Umarız ev yapımı sosis dünyasını keşfetmekten keyif almışsınızdır ve bu arada favori yeni tarifler keşfetmişsinizdir.

Sosis yapmanın bazıları için göz korkutucu bir görev olabileceğini biliyoruz, ancak bu yemek kitabının sürecin gizemini çözdüğünü ve mutfakta yeni şeyler denemeniz için size güven verdiğini umuyoruz. İster deneyimli bir profesyonel olun ister yeni başlayan biri olun, kendi sosislerinizi yapmak, arkadaşlarınızı ve ailenizi etkileyeceğinden emin olduğunuz ödüllendirici ve tatmin edici bir deneyimdir.

Unutmayın, başarılı sosis yapımının anahtarı kaliteli malzemeler kullanmak ve tarifleri yakından takip etmektir. Kendi benzersiz tariflerinizi oluşturmak için farklı tatlar ve çeşniler denemekten korkmayın.

Bu yemek kitabını beğendiyseniz, daha lezzetli tarifler ve mutfak ilhamı için diğer kitaplarımıza da göz atmayı unutmayın.

Bu yolculukta bize katıldığınız için teşekkürler ve mutlu sosisler!